Les couleurs

Fiona Undrill

Heinemann
LIBRARY

Colours

www.heinemann.co.uk/library
Visit our website to find out more information about Heinemann Library books.

To order:
☎ Phone 44 (0) 1865 888066
Send a fax to 44 (0) 1865 314091
📄 Visit the Heinemann Bookshop at www.heinemann.co.uk/library to browse our
💻 catalogue and order online.

First published in Great Britain by Heinemann Library, Halley Court, Jordan Hill, Oxford OX2 8EJ, part of Harcourt Education. Heinemann is a registered trademark of Harcourt Education Ltd.

Editorial: Charlotte Guillain
Design: Joanna Hinton-Malivoire
Picture research: Ruth Blair
Production: Duncan Gilbert

Printed and bound in China by
Leo Paper Group.

ISBN 9780431931272 (hardback)
11 10 09 08 07
10 9 8 7 6 5 4 3 2 1
ISBN 9780431931371 (paperback)
11 10 09 08 07
10 9 8 7 6 5 4 3 2 1

**British Library
Cataloguing in Publication Data**
Undrill, Fiona
Les couleurs = Colours. - (Modern foreign languages readers)
1. French language - Readers - Color 2. Color - Juvenile literature 3. Vocabulary - Juvenile literature
448.6'421
A full catalogue record for this book is available from the British Library.

Acknowledgements
The publishers would like to thank the following for permission to reproduce photographs:
© Alamy pp. **19** (Jef Maion/Nomads'Land - www.maion.com), **23** (Mark Harmel); © Brand X pictures pp. **3**, **4**, **12**, **20** (Joe Atlas); © Corbis pp. **7** (Stephane Reix/For Picture), **11** (John Van Hasselt), **15** (Charles O'Rear); © Harcourt Education pp. **3**, **4**, **8**, **10** yellow puzzle, **12**, **20**, (MM Studios), **3**, **4**, **8**, **12**, **20** (Tudor Photography); © istockPhoto pp. **6** blue puzzle (Denisa Moorhouse), **14** (Bill Grove); © KTP Power Photos pp. **3**, **4**, **8**, **12**, **20**; © Photodisc pp. **3**, **4**, **8**, **12**, **20**; © 2007 Jupiter Images Corporation pp. **3**, **4**, **8**, **12**, **14** red puzzle, **18** white puzzle, **20**, **22** green puzzle, **23**;

Cover photograph of French flag reproduced with permission of Corbis (RoyaltyFree).

Every effort has been made to contact copyright holders of any material reproduced in this book. Any omissions will be rectified in subsequent printings if notice is given to the publishers.

Table des matières

Try to read the question and choose an answer on your own.

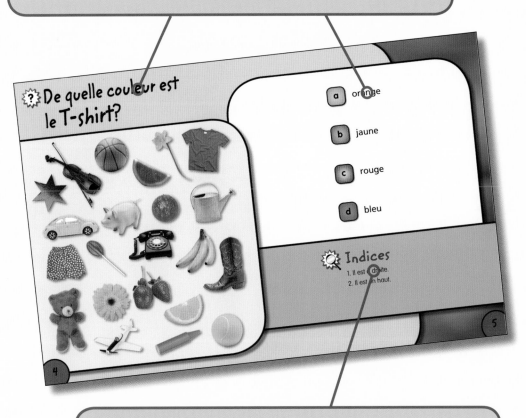

De quelle couleur est le T-shirt?

a orange

b jaune

c rouge

d bleu

Indices
1. Il est à droite.
2. Il est en haut.

4

5

You might want some help with text like this.

De quelle couleur est le T-shirt?

a orange

b jaune

c rouge

d bleu

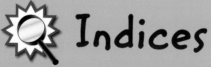

Indices

1. Il est à droite.
2. Il est en haut.

✓ Réponse

d bleu

La couleur bleue en France

La tenue de l'équipe de football de la France est bleue.

Victoires françaises récentes:

- La Coupe du Monde en 1998
- Le Championnat d'Europe en 2000

De quelle couleur est la voiture?

a blanche

b marron

c jaune

d verte

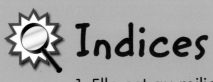 **Indices**

1. Elle est au milieu.

2. Elle est en bas.

✔ Réponse

c jaune

La couleur jaune en France

Les boîtes aux lettres françaises sont jaunes.

Les couleurs des boîtes aux lettres en Europe

Pays	Couleur des boîtes aux lettres
l'Allemagne	jaune
la Belgique	rouge
l'Irlande	vert
le Royaume-Uni	rouge

a verte

b noire

c rouge

d grise

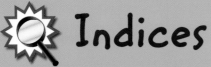 Indices

1. Elle est à droite.
2. Elle est en bas.

✓ Réponse

c rouge

La couleur rouge en France

Le vin français est très populaire dans le monde entier.

Méthode traditionnelle pour écraser les raisins pour le vin – avec les pieds!

a blanc

b bleu

c jaune

d marron

 Indices

1. Il est à gauche.
2. Il est en bas.

Réponse

a blanc

La couleur blanche en France

Le Mont Blanc

- Où: les Alpes françaises
- Hauteur: 4 810 mètres
- Vitesse maximum du vent: 150 km / h
- Température minimum: − 40° C

De quelle couleur est la chaise?

a verte

b orange

c noire

d grise

 Indices

1. Elle est à gauche.
2. Elle est en bas.

Réponse

a verte

La couleur verte en France

Les pharmacies françaises sont indiquées par une croix verte.

Ici, on achète des médicaments.

HARMACIE

Vocabulaire

Français Anglais page

acheter to buy 22

à droite on the right 5, 13

à gauche on the left 17, 21

l'Allemagne Germany 10

les Alpes the Alps 18

avec with 15

un avion aeroplane 16

la Belgique Belgium 10

blanc(he) white 9, 17, 18

bleu(e) blue 5, 6, 17

la boîte aux lettres letterbox 10

le casse-tête puzzle 3

la chaise chair 20

le Championnat d'Europe the European cup 6

la croix cross 22

la couleur colour 6, 10, 14, 18, 22

la Coupe du Monde the World Cup 6

dans in 14

De quelle couleur est le/la ...? What colour is the...? 4, 8, 12, 16, 20

écraser to crush 15

une équipe de football football team 6

en bas at the bottom 9, 13, 17, 21

en haut at the top 5

l'Europe Europe 10

la fleur flower 12

français(e) French 6, 10, 14, 18, 22

la France France 6, 10, 14, 18, 22

gris(e) grey 13, 21

la hauteur height 18

ici here 22

Il/Elle est it is 5, 9, 13, 17, 21

un indice clue 5, 9, 13, 17, 21

indiqué(e)(s) indicated 22

l'Irlande Ireland 10

jaune yellow 5, 9, 10, 17

marron brown 9, 17

maximum maximum 18

le médicament medicine 22

la méthode traditionnelle traditional method 15

le mètre metre 18

au milieu in the middle 9

minimum minimum 18

le monde entier the whole world 14

le Mont Blanc Mont Blanc (highest mountain in the French Alps) 18

noir(e) black 13, 21

orange orange 5, 21

où where 18

par by 22

le pays country 10

la pharmacie pharmacy 22

le pied foot 15

populaire popular 14

pour for 15

le raisin grape 15

récent(e) recent 6

la réponse answer 6, 10, 14, 18, 22

rouge red 5, 13, 14

le Royaume-Uni the United Kingdom 10

la table des matières contents 3

la température temperature 18

la tenue sports strip 6

très very 14

le T-shirt T-shirt 4

le vent wind 18

vert(e) green 9, 10, 13, 21, 22

la victoire victory 6

le vin wine 14, 15

la vitesse speed 18

le vocabulaire vocabulary 3, 24

la voiture car 8